Este título forma parte de la colección *Vivir juntos*,
una creación de Bayard Éditions Jeunesse.

Dirección editorial
Ricardo Ares, Pedro Miguel García

Coordinación editorial
Juan Antonio López

Textos
Laura Jaffé, Laure Saint-Marc

Ilustraciones
Catherine Proteaux, Béatrice Veillon, Régis Faller

Diseño gráfico
José Luis Silván

Corrección
Dulce Toledo, Álvaro Santos

© SAN PABLO 2006 (Protasio Gómez 11-15. 28027 Madrid)
Tel. 917 425 113 - Fax 917 425 723
secretaria.edit@sanpablo.es
© Bayard Éditions Jeunesse, París 2000

Título original: *Vivre ensemble. Les différences*
Traducido por *María Jesús García González*

Distribución: SAN PABLO. División Comercial
Resina, 1. 28021 Madrid * Tel. 917 987 375 - Fax 915 052 050
www.sanpablo.es - ventas@sanpablo.es
ISBN: 84-285-2943-4
Depósito legal: M. 32.518-2006
Impreso en Artes Gráficas Gar.Vi. 28970 Humanes (Madrid)
Printed in Spain. Impreso en España

Vivir juntos

Las diferencias

Guía para ser un buen ciudadano

Capítulo 1

Relato

¿Quieres una foto mía?

Hoy Julieta y su niñera van al zoo. Julieta, que es minusválida, siente que la observan de forma extraña...

Documento

¿De verdad somos tan diferentes?

Cada uno nace con sus diferencias, que es lo que hace único a cada ser vivo. Pero entre los hombres hay también muchas similitudes.

Juego-test

¡Te toca a ti!

En tu barrio conoces a un chico tartamudo. ¿Cómo reaccionas cuando te encuentras con él?

1 RELATO

Isabel, la niñera

Julieta

¿Quieres una foto mía?

Normalmente no me gusta ir a pasear. Prefiero quedarme en casa para hacer lo de siempre, ver la tele o leer tebeos.

Pero con mi niñera Isabel no es igual. Con ella es divertidísimo ir al parque, al museo o de tiendas.

La semana pasada, Isabel me llevó al zoo. Desde el primer momento empezó a hacer el payaso para colarse con mi silla entre la muchedumbre de visitantes.

—¡Mec, mec! ¡Mac, mac! ¡Julieta quiere pasar! –canturreaba en voz alta ante las jaulas de los chimpancés imitando el ruido de una moto metida en un atasco.

¡Qué divertido! Todo el mundo nos cedía el paso sonriendo.

De repente, una pareja de turistas se enfadó:
—¿No podéis hacer cola, como todo el mundo?
Me puse muy colorada. Pero Isabel, que se lo toma todo a broma, hizo reír a todo el mundo imitando el ruido de un coche obligado a frenar ante un semáforo en rojo.

Una anciana se acercó a mí para acariciarme el pelo como si fuera un perro.
—¡Pobrecita! ¡Como si ya no tuvieras bastante con tu desgracia!

Yo le saqué la lengua e imité a un mono con los brazos, lo que hizo reír a mi niñera, pero no a la anciana.

Luego, mientras tiraba cacahuetes a la jaula, una niña pequeña se puso a mirarme como si fuera el animal más raro del zoo.
Le dediqué lo que Isabel llama «mi mirada asesina».

La niña corrió a refugiarse en las faldas de su madre. Pero no dejaba de volver la cabeza para mirarme.

—Bueno, si la pequeña damita quiere una foto tuya, no tiene más que pedirla –me susurró Isabel al oído–. ¡Espera, tengo una idea mejor! Voy a haceros una foto juntas –siguió diciendo.

Puso mi silla de ruedas junto a la niña y nos acribilló con el flash de la cámara.

Relato 1

—Y aquí tenemos dos buenos ejemplares de *niñae horribilae* con coletas y vestido rojo para tu álbum, querida –dijo con voz convincente, dándose aires de una importante reportera en pleno trabajo.

1 Documento

¿De verdad somos tan diferentes?

Cuando Julieta sale a pasear, la miran de forma extraña debido a su invalidez.
Pero Julieta es como todas las demás niñas, le encanta reír y jugar. Así que…

Cada uno nace con sus **diferencias.** Las hay pequeñas y grandes: hay quienes son gordos y quienes son delgados, quienes tienen la piel negra y quienes la tienen más blanca… Todas estas diferencias saltan a la vista.
¿Pero acaso no tenemos también muchas semejanzas en las que no pensamos?

Diferencias
Lo que hace que dos personas o dos cosas no se parezcan.

Somos diferentes y semejantes

Por tanto, hay todo tipo de seres humanos, muy diferentes. Algunas diferencias son visibles, saltan a la vista.

Pero además, hay diferencias invisibles en las que no pensamos. Por ejemplo, todos tenemos la sangre de color rojo, y sin embargo entre los hombres hay cuatro grupos sanguíneos diferentes.

Carolina se parece mucho a Carlota, su madre, y sin embargo no tienen el mismo grupo sanguíneo. Mientras que Kyoko, su amiga japonesa, tiene el mismo grupo sanguíneo que Carlota.

Pero sobre todo hay muchas semejanzas en las que nunca pensamos. Por ejemplo, todos tenemos un corazón que late y un cerebro que piensa. Todos somos capaces de reír y de llorar, de temblar y de ruborizarnos.

¿Por qué dar tanta importancia a las diferencias?

¡Y las razas humanas no existen!

En ciertas especies animales, como los perros, los gatos, los caballos, etc., hay razas. Pero es porque las han producido los hombres haciendo que los perros con las mismas características se reproduzcan entre sí.

Este perro es de raza pachón.

Este es un San Bernardo.

Este es un caniche.

Entre los humanos no hay razas, sino una sola especie que se ha formado de forma natural desde hace millones de años.

Sin embargo, un día, un hombre quiso seleccionar determinados humanos para hacer una raza superior. Fue Hitler. Debido a su idea racista, fueron exterminados 6 millones de judíos.

Ningún humano es superior a otro

Cuando nace un niño, ya tiene peculiaridades físicas. Algunas de estas peculiaridades, que ya tenían sus padres o sus abuelos, son hereditarias.

Cada uno de nosotros puede tener también partes del cuerpo más o menos completas que funcionan más o menos bien.

| Marina es miope, como su madre. | Celia tuvo la polio a los dos años. | Marcos nació con un solo brazo. |

Según la importancia de nuestras disfunciones, se dice que estamos más o menos impedidos.

Y además cada uno cuenta con las características propias de su sexo.

| La niña tiene ovarios. | El niño tiene testículos. |

Nadie puede considerarse inferior a los demás debido a su físico.

Porque cada uno es único

En la actualidad un objeto puede reproducirse varias veces: una fotocopia, una botella de plástico, etc. Desde hace algún tiempo, se puede reproducir un animal físicamente idéntico a otro. Es la clonación.

La oveja inglesa y su clon Dolly.

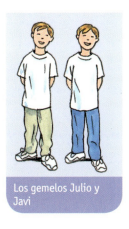

Los gemelos Julio y Javi

Los verdaderos gemelos, los que se parecen mucho, procedentes del mismo embrión, son aparentemente idénticos, como dos clones. Pero no existen dos personas ni dos clones completamente iguales. Cada uno tiene su función, su vida.

En el mundo no existe una huella dactilar igual a otra.

JUEGO-TEST 1

¡Te toca a ti!

Ponte en el lugar de este niño
y elige en la página siguiente lo que harías
si estuvieras en la misma situación.

En tu barrio hay un niño tartamudo.

1 **JUEGO-TEST**

¿Cómo reaccionarías?

1. Cada vez que le oyes hablar, te mueres de risa.

2. ¡Te pone nerviosa que tarde tanto tiempo en decir algo!

3. Te dices: «¡Pobrecito! No debe ser fácil ser así».

4. Te da lo mismo. ¡Es amigo tuyo! No le das la menor importancia.

5. Cuando hablas con él terminas sus frases para ayudarle.

6. Haces como si no hubieras notado nada raro.

Has hecho tu elección. Pasa la página y descubre qué puede pasar.

Juego-test 1

Estas son las consecuencias de tu elección:

1 Cada vez que te encuentras con él te entran ganas de reír. ¿Es porque lo encuentras divertido o porque te molesta que no hable como tú?

2 Es cierto que puede llegar a poner nervioso discutir con alguien que tartamudea. Pero quizá a él le ponga aún más nervioso que a ti no poder hablar como todo el mundo.

3 Tartamudear no debe ser muy agradable. El niño probablemente sufra por ello y no tenga ganas de que nadie sienta lástima de él. Porque, aparte de eso, puede hacer lo que hace todo el mundo. Preferiría que se le apreciara tal como él es.

1 Juego-test

4 Puede que al principio te moleste su tartamudez. Pero ya te has olvidado de ello. Habéis jugado tanto y os habéis reído tanto juntos, que ya es amigo tuyo.

5 A menudo, cuando alguien tartamudea, le cortamos terminando sus palabras. Pensamos que es para ayudar, o quizá es para ir más deprisa porque somos impacientes. Sin embargo, hablando en su lugar, estamos impidiendo que se exprese.

6 Haciendo como si no pasara nada, seguramente quieres reconfortarle. Pero si un día tiene ganas de hablarte de ello, no deberás sentirte incómoda.

Capítulo 2

Relato

La pelea de las banderas

Todos los miércoles, Sentha y sus compañeros van al «local». Hoy, los animadores organizan los Juegos olímpicos, pero los niños no se ponen de acuerdo en la formación de los equipos.

2

Documento

¿Por qué nos asustan las diferencias?

Las personas diferentes por su físico o su comportamiento nos asustan, nos molestan o nos ponen nerviosos. Con frecuencia es la ignorancia lo que nos hace reaccionar de esta forma.

2

Juego-Test

¡Te toca a ti!

En tu colegio, las niñas y los niños juegan a cosas diferentes. ¿Qué opinas de ello?

2

Francisco

Yamila

Sentha

La pelea de las banderas

Todos los miércoles voy al «local». Es una gran sala de un edificio prefabricado donde pueden ir los niños cuando no hay colegio. Francisco y Yamila, los animadores, siempre proponen juegos divertidísimos. ¡Y hoy es aún mejor que de costumbre!

—¡Vamos a organizar unos Juegos olímpicos! –anunció Yamila por la mañana–. El próximo miércoles comenzaremos los entrenamientos para la carrera de velocidad.

—Hoy tenemos que formar cuatro equipos y elegir para cada uno el nombre de un país –siguió diciendo Francisco.

Nos reíamos y nos agitábamos de lo contentos y emocionados que estábamos. ¡Todo el mundo hablaba al mismo tiempo!

Pero las discusiones empezaron enseguida…

Niouma quería que su equipo llevara la bandera de Senegal. Thierno prefería la de Malí.

Yo estuve más de un cuarto de hora reuniendo un equipo camboyano, porque Tarek no dejaba de decirles a sus amigos: «Sentha quiere ser siempre el líder, y luego acabamos hartos de tanta Camboya; ¡un equipo tunecino sería mucho mejor!».

Cuando estaba a punto de darle un puñetazo, Ana me empujó para tirar del pelo a Fátima. Estaba roja de ira:

—¿Yo en el equipo tunecino? ¿Estás mal de la cabeza o qué? Mi padre dice que los árabes no son buenos en nada.

—¿Buenos en nada? –empezó a gritar Fátima–.

Pues tu madre, aparte del pescado empanado, no sabe cocinar nada. ¡Eres una racista, y mi padre dice que los racistas son sucios ...cerdos!

—¡Mi padre no es un cerdo! –gritó Ana dándole una patada en la espinilla a Fátima, quien a su vez mordió a Ana en la mejilla.

Francisco corrió a separar a las dos niñas.

Exclamó:

—¡Qué es eso de los cerdos! ¿Sabéis al menos lo que quiere decir? ¿Sois racistas o qué? ¡Esto parece la tercera guerra mundial!

Ordenó que nos calmáramos e hizo que nos sentáramos en el suelo formando un círculo.

—Como no llegáis a un acuerdo, soy yo quien va a echar a suertes los equipos –dijo.

—¡No es justo! –empezó a protestar Thierno. Pero con el sorteo todo el mundo se reconcilió. Fue muy divertido ir por turnos a sacar de un sombrero un trozo de papel con el nombre de un país. A mí me tocó Senegal con Nadia, Marina y Tarek.

Para fabricar la bandera tuve una idea genial:
esta tarde voy a coger el pantalón corto de rayas
verdes, amarillas y rojas de mi hermano pequeño.
Y si mi madre me pregunta que qué ha pasado,
le diré que hay que ser un verdadero racista para
picarse por algo así.

2 DOCUMENTO

¿Por qué nos asustan las diferencias?

Sentha tiene amigos procedentes de todos los países. Todos están muy orgullosos de sus orígenes. Con frecuencia en un país hay gente procedente de fuera, gente diferente.

Cuando conocemos a alguien por primera vez, no sabemos quién es, no le conocemos, ni conocemos su vida desde que nació, ni sus costumbres. Ese desconocido es un extraño para nosotros. Un extranjero es también alguien que llega a un país en el que no ha nacido. Su llegada a veces provoca **xenofobia** entre los habitantes de ese país.

Xenofobia
Esta palabra viene del griego *xenos*, que quiere decir «extranjero», y *phobia*, que quiere decir «miedo». Así que es el miedo a lo extranjero.

¿Quiénes son los extranjeros?

Hoy un 1% de las personas viven en un país diferente a su país de origen. La mayoría deja su país porque espera mejorar sus condiciones de vida en un país más rico. Son los inmigrantes.

Para vivir en España hay que tener un permiso de residencia o adquirir la nacionalidad.

Otros se han visto obligados a irse de sus casas porque ya no están seguros en ellas, debido a la guerra, por ejemplo. Son los refugiados. Para instalarse en un país que no es el suyo, deben cumplir ciertas condiciones y aceptar la ley del país de acogida.

Aproximadamente uno de cada cinco españoles tiene algún abuelo que ha sido emigrante.

¿Por qué nos asusta la gente diferente?

Cuando nos encontramos con alguien que es diferente por su físico o sus costumbres, a menudo nos molesta o nos asusta. Y, a veces, él también siente lo mismo. Es parecido a cuando está oscuro, cuando no sabemos hacia dónde vamos. Tenemos miedo porque lo ignoramos.

Podemos temer a un discapacitado. Podemos temer a un mendigo.

A veces también tenemos miedo de los demás porque creemos saber de antemano quiénes son y cómo viven. Por ejemplo, decimos: los árabes son así, los negros asá. Estas ideas preconcebidas son prejuicios. Los prejuicios son ideas falsas que hablan de la gente en general.

**Cada ser humano es único. Cada situación es diferente.
No hay personas que se comporten «en general».**

Cada uno puede vivir a su manera

En España, como en otros países, no hay sólo una forma de vivir, la española:

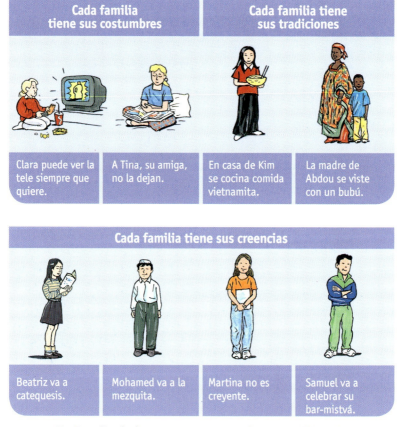

En España, la ley reconoce que cada uno es libre de pensar y creer lo que quiera.

Pero la ley es para todos

Monarquía parlamentaria
Sistema político en el que el rey ejerce la función del Jefe del Estado bajo el control del Parlamento y del Gobierno de la nación.

España, como otros países europeos (Reino Unido, Suecia, Noruega…), tiene una **monarquía parlamentaria.** Esto quiere decir que el jefe del Estado es el rey, pero que hay una asamblea legislativa que promulga las leyes. Y estas leyes deben ser obedecidas por todo el mundo, incluso por el rey.

En España, por ejemplo, es obligatoria la escolarización de los niños a partir de los 6 años.

Todos los niños deben ser educados, incluso un niño superdotado y muy sabio.

La educación pública es la misma para la hija de un español rico y para la de un extranjero pobre.

Aunque hoy día, a veces en la vida, no todos somos iguales ni igual de libres.

La Constitución Española garantiza que «todos los españoles son iguales ante la ley» (art. 14).

JUEGO-TEST 2

¡Te toca a ti!

Ponte en el lugar de estos niños y elige en la página siguiente lo que harías si estuvieras en la misma situación.

En el patio de tu colegio las niñas juegan a la muñeca y los niños al fútbol.

¿Qué opinas?

 **1** Crees que es normal que los niños y las niñas jueguen a cosas diferentes.

 **2** Te molestan las historias de niñas y niños. A ti te gusta jugar a la muñeca, ¡pero también te gusta el fútbol!

 **3** Crees que, de todas formas, las niñas son mejores jugando a la muñeca y los niños al fútbol.

 **4** Te gustaría jugar con los niños, pero temes hacer el ridículo.

 **5** No le das importancia, porque eres un niño y no te gustan las niñas, o bien eres una niña y no te gustan los niños.

 **6** Te dices a ti misma: «¿Y si jugamos a las canicas?». A lo mejor esto le gusta a todo el mundo.

Has hecho tu elección. Pasa la página y descubre qué puede pasar.

Estas son las consecuencias de tu elección:

1 Es cierto que a menudo las niñas y los niños no juegan a lo mismo. Pero es sobre todo por costumbre. Y una costumbre puede cambiarse.

2 Lo que más te gusta a ti es divertirte. Da igual que sea con niñas o con niños. Tienes razón, aunque no todo el mundo piensa igual que tú. Pero ten paciencia, acabarán por aceptarte.

3 A menudo es verdad que las niñas son mejores en una cosa y los niños en otra. Y probablemente se deba a que cuanto más se practica un juego, mejor se juega. Así que no importa que seas niño o niña, lo que cuenta es la práctica.

2 JUEGO-TEST

4 Siempre es difícil no hacer lo mismo que los demás. Pero puedes intentarlo. ¿Quién sabe? Si te atreves, puede que luego todo el mundo quiera hacer lo mismo que tú.

5 ¿Es porque todo el mundo dice que los niños son así y las niñas son asá? ¿O es porque eres demasiado tímida para jugar con ellos? A lo mejor no te gustan porque ya has intentado jugar con ellos y no te ha ido bien.

6 Lanzar una nueva moda es una buena idea. Pero no podrás obligar a que jueguen contigo a quienes les guste jugar a la muñeca o al fútbol.

CAPÍTULO 3

RELATO

¡Nicolás, el favorito!

Arturo está enfadado con su abuela.
Tiene la impresión de que prefiere a su primo Nicolás.

3

DOCUMENTO

¿Qué es la solidaridad?

Cada uno nace con sus diferencias.
A veces son una suerte, otras un impedimento.
¿Qué podemos hacer para que todos se sientan
iguales a los demás?

3

JUEGO-TEST

¡Te toca a ti!

Uno de tus compañeros de clase no entiende un ejercicio.
La profesora va a dedicarle parte del tiempo de la clase
para volver a explicárselo. ¿Cómo reaccionas tú?

3

3 RELATO

Arturo

Nicolás

Abuela

¡Nicolás, el favorito!

Todos los años, durante el mes de agosto, me voy de vacaciones con mi abuela Hortensia. Y desde hace dos años siempre pasa lo mismo: cada vez que me lleva de compras con mi primo Nicolás, a él le compra muchas cosas, ¡y a mí no me compra nada!

¡Pues todos esos favoritismos no son nada justos! Seguro que aunque pase horas y horas jugando conmigo a las cartas y me llame en broma «rey Arturo» y «periquito de azúcar», su nieto favorito es Nicolás.

Ayer volvió a pasar lo mismo cuando fuimos al centro comercial. ¡Pero no dejé que pasaran de mí!

La abuela le dijo a Nicolás:

—Mira, pichoncito, qué preciosos bolígrafos para la vuelta al cole. ¡Ve a elegir uno!

Y yo también metí un bolígrafo en el carrito.

Uno bonito, con capucha en forma de balón de fútbol. Porque, al fin y al cabo, ¡yo también soy su pequeñín!

La abuela pareció no prestar atención.

Pero en el momento de pagar en caja, se volvió hacia mí frunciendo sus blancas cejas.

—¿Qué significa esto, Arturo? ¡Sabes que tu mamá te va a comprar todo lo que necesites para el colegio! ¡Ve inmediatamente a dejar este bolígrafo en su sitio!

—¡No! –grité muy alto para que la cajera comprobara cómo me tratan en esta familia.

La abuela, que cuenta muchas veces que en su

época los niños no tenían tantos caprichos como ahora, me agarró por el brazo para obligarme a dejar el bolígrafo en el sitio del que lo había cogido. Y no pude oponer resistencia, porque cuando está enfadada, la abuela es tan fuerte como Supermúsculos, el héroe de mi cómic favorito.

Pero estuve de morros todo el camino de vuelta, y ni siquiera quise el helado de chocolate que me ofreció para merendar.

«De todas formas, como esta tarde vuelvo a casa se lo contaré todo a mamá», me decía a mí mismo.

Pero cuando llegamos los tres a casa de mamá, no tuve tiempo de decir ni una palabra. Mamá corrió hacia la cómoda y volvió tendiéndome una cajita envuelta en papel de regalo. Abrí el paquete y… ¡sorpresa!, era el precioso bolígrafo del supermercado.

—¡Qué suerte tienes! –me dijo Nicolás en voz baja–. El mío no es tan bonito. Estoy harto de que mamá esté en el paro. Estoy harto de que la abuela me compre lo que necesito para el cole…

—Pero Nicolasín –le respondí imitando la voz de la abuela–, ¡en mi época un niño jamás se habría encaprichado de un bolígrafo con capucha en forma de balón de fútbol!

Empezamos a reírnos los dos tan fuerte, que la abuela dijo desde la otra punta de la habitación:

—Pero, ¿qué les hace tanta gracia a mi pequeño periquito de azúcar y a mi querido pichoncito?

3 DOCUMENTO

¿Qué es la solidaridad?

La abuela de Nicolás y Arturo no compra lo mismo para los dos porque la vida de ambos no es igual.

Todos nacen con diferencias. A veces esas diferencias impiden que se viva como los demás. Son un hándicap. No todo el mundo se encuentra en las mismas condiciones de igualdad. No todo el mundo tiene las mismas oportunidades cuando nace. Por ejemplo, podemos nacer en una familia más o menos rica, o en una familia cuyos miembros no se entienden. Para que todos podamos vivir como los demás, para que todos tengamos nuestro lugar en la vida, hay un medio: la **equidad.**

Equidad
Es una forma de apreciar la vida, los acontecimientos, los comportamientos, con espíritu de justicia y dando a cada uno según sus necesidades.

La vida no trata bien a todo el mundo

En la vida no todo el mundo tiene las mismas capacidades.

Algunos tienen muchas dificultades para hacerse entender.

Algunos tienes muchas dificultades para trepar a los árboles.

A algunos les cuesta entender lo que se explica en clase.

Algunos tienen muchas dificultades para expresarse delante de los demás.

En la vida, no todo el mundo tiene los mismos medios.

Algunos tienen bastante dinero para vivir.

Algunos no tienen bastante dinero para vivir.

Tratar mal a alguien porque no sea capaz de algo o porque no disponga de medios suficientes es discriminación.

Todos los hombres son iguales en derechos y en dignidad.

Y algunas personas son rechazadas por el racismo

Todo comienza con una burla. Se cuentan chistes: «¿Sabes lo que le pasó a un rumano que…?».
Aparentemente no tienen mala intención.
Y, sin embargo, a fuerza de escucharlos, uno acaba por creérselos.
Y después hay insultos: «¡Moro! ¡Gitano!».
Aparentemente no es muy violento. Pero ya estamos echándole en cara sus diferencias.

Y luego hay golpes: se le mete miedo a alguien, se le golpea porque «tiene un careto que no gusta». Y todo esto, burlas, insultos, golpes, es racismo.

Verlo y no decir nada es ser cómplice.

Todos debemos ser solidarios

No todo el mundo es igual ante la vida. Para encontrar equilibrio entre quienes tienen más y quienes tienen menos, en España hay servicios públicos de **solidaridad,** como la Seguridad social, las pensiones y el subsidio de paro, por ejemplo.
Esto funciona más o menos como un gran monedero.

> **Solidaridad**
> Es una ayuda mutua, un sostén y una asistencia recíprocos entre las personas.

Todas las personas, españolas o extranjeras, que viven y trabajan en España ceden una parte de su salario al gran monedero de la solidaridad.

Quienes ganan más dinero dan más que quienes ganan menos, y quienes no ganan nada no tienen que dar nada.

Pero aún habría que hacer más...

Sin embargo, no todo el mundo se beneficia igual de este dinero.

Hay personas que no necesitan dinero del monedero de la solidaridad porque no se ponen enfermos con frecuencia.

Hay personas que necesitan muchas veces el monedero de la solidaridad porque se ponen enfermos con frecuencia. Y esto es posible gracias a esta gran ayuda mutua a nivel nacional.

Pero no es suficiente.

Hay personas que no se benefician de la ayuda mutua nacional. Son las personas sin domicilio fijo (los sin techo) y quienes carecen de papeles de identidad. Afortunadamente, gracias a la ayuda de asociaciones caritativas, pueden ser socorridos y curados.

¡Te toca a ti!

Ponte en el lugar de estos niños y elige en la página siguiente lo que harías si estuvieras en la misma situación.

Durante la clase, uno de tus compañeros no comprende un ejercicio. La profesora va a volver a explicárselo a él solo mientras que el resto de los alumnos terminan su trabajo.

Juego-test

¿Cómo reaccionarías?

 1. Crees que una profesora no tendría que tener un alumno favorito. Así que levantas la mano para que también te atienda a ti.

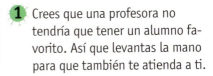 2. Haces una señal a tus compañeros y juntos os burláis del «idiota» que nunca entiende nada.

 3. Te cruzas de brazos y pones cara de mal genio. No harás el ejercicio tú solo, ¡no es justo!

 4. Compadeces a tu compañero que tiene dificultades. No te gustaría estar en su lugar.

 5. Terminas tu ejercicio como te han mandado, sin prestar atención a la profesora.

 6. Crees que tú también podrías ayudar a tu compañero a acabar sus deberes después de las clases.

Has hecho tu elección. Pasa la página y descubre qué puede pasar.

Estas son las consecuencias de tu elección:

1 Si llamas a la profesora sin ningún motivo, impides que ayude a otro compañero que sí lo necesita. ¿De verdad no puedes pasar sin ella un instante? ¿Y si intentas hacer el ejercicio por tu cuenta?

2 Es fácil burlarse de alguien cuando se es fuerte. ¿Pero qué pasaría si, un día, tú también necesitaras ayuda de tu profesora?

3 Antes de protestar porque no se ocupan de ti, ¿has comprobado que sabes hacer el ejercicio? Porque si puedes hacerlo por ti mismo, estarás muy orgulloso cuando la profesora lo corrija. Si no, si no lo haces, la profesora se enfadará contigo. Y eso molesta mucho.

3 JUEGO-TEST

4 Es verdad que no sienta bien no hacer las cosas bien como todo el mundo. Ahora te has dado cuenta. Así que intenta no olvidar cada vez que tú consigues hacer algo bien y los demás no.

5 Haces lo que dice la profesora y no te interesas por los demás. ¿Es porque te gusta concentrarte mucho en tu trabajo? ¿O porque no tienes muchas ganas de interesarte por los demás?

6 ¡Buena idea! Antes de hablarle de ello, infórmate bien de cómo podrías ayudarle de verdad.

Vivir juntos

Vivir juntos
En familia

Vivir juntos
En el colegio

Vivir juntos
Niños y niñas

Vivir juntos
El dinero

Vivir juntos
Las diferencias

Vivir juntos
La ecología

Vivir juntos
La violencia

Guías para ser un buen ciudadano